Mayerly Echeverria

Amor Correspondido

Mayerly Echeverria

Amor Correspondido

Confía siempre en Dios

JustFiction Edition

Imprint

Cover image: www.ingimage.com

Publisher:
JustFiction! Edition
is a trademark of
Dodo Books Indian Ocean Ltd., member of the OmniScriptum S.R.L Publishing group
str. A.Russo 15, of. 61, Chisinau-2068, Republic of Moldova Europe
Printed at: see last page
ISBN: 978-620-3-57536-1

AMOR CORRESPONDIDO

MAYERLY ECHEVERRIA

HOLA…

ESTE LIBRO ESTÁ DEDICADO A TODO LECTOR QUE SE ATRAVA A AMAR SIN CONDICIÓN ALGUNA.

AMOR CORRESPONDIDO

Confía siempre en Dios

MAYERLY ECHEVERRÍA

AMOR CORRESPONDIDO

Confía siempre en Dios
Mayerly Echeverría
lely2005vallejo@gmail.com

Contacto
(+593) 999345330

Editorial
https://www.autoreseditores.com

MAYERLY ECHEVERRÍA

RECONOCIMIENTOS

Doy gracias especialmente a Dios por haberme sido creadora de este libro, para darte entender el verdadero amor que debes de adquirir, a mi familia y todos a mi alrededor hasta a ti mi amigo lector.

INFINITAS LLUVIAS DE BENDICIONES…

¿Quién dijo que el amor era fácil?

Te aseguro que, entre tantas respuestas, te daré una certeza, mi respuesta:

El amor

El arma más potente de todas,

La madre de las mentiras,

Y el poder de los sentimientos.

Química entre dos personas, es un respeto, conexión, libertad que decides tú si le eres fiel o infiel, no a la persona con quién estas, más bien fiel a ti mismo, todos tenemos conciencia, todos nos podemos encarcelar en los pensamientos sin fin, en la infinidad de ideas que puedan pasar por nuestras mentes,

¿YA SABES LO FÁCIL QUE ES EL AMAR?

Si me dices que NO, te argumento tu respuesta Lector(a):

Es un significado tan único, a veces debes caer, para poderte levantar, para aprender de ese error, para que no vuelvas a caer en lo mismo, para que, si antes llegabas a un peldaño de tu vida y te detenías, que con esa experiencia que has tenido es para que ya no pares, es para que cojas valor, fuerzas e ir por lo que deseas, e ir por más peldaños, si amas a alguien arriésgalo, pero limítate en no hacer lo malo para ti y para los que te rodean.

Si me dices que SI, te argumento tu respuesta Lector(a):

Eres capaz de hacer todo lo que te propongas, que, si tu alrededor te hacen mal, tienes un amor tan inmenso para no darle importancia a lo negativo y sabes salir ante cualquier situación.

- 1er regla antes de enamorarte de alguien más:

Se feliz reconociéndote y amándote antes de amar a alguien más.

- 2da regla antes de enamorarte de alguien más:

Arréglate para ti y no para otros.

- 3era regla antes de enamorarte de alguien más:

Aplica la regla 1 y 2.

AMOR CORRESPONDIDO

Debemos de aprender que amarse a uno mismo no solamente es el punto de referencia para saber cuánto debemos de amar a los demás, uno de los principales mandamientos es que amarás a tu prójimo como a ti mismo.

Aquí te mostraré una historia que te enseñara a ti LECTOR que el tiempo de esperar a alguien que amas (y que te ame) tiene muchas ventajas, muchas recompensas, me despido para darle el paso a los protagonistas, que algún momento de la vida los protagonistas PUEDAS SER TÚ.

Una histoiria de amor, de grandes misterios, aventuras, de 2 protagonistas que creyeron mutuamente en el amor que se tenian, que nada es imposible en esta vida, un sabio me dijo; **SIEMPRE SE PUEDE** en tiempos de angustias, en esos momentos que nadie creía en mí, que esta historia de un Amor Correspondido sea leía a más de una persona es mucho porque agradecer, agradecerte a ti que confías en lo que hay adentro del contenido, que no juzgates el libro por la caratula, si no que te aventurastes, te sumergistes en venir a decubirir las cosas extraordinarias que te puedes ofrecer a ti mismo, sabes el leer te hace ser sabio, inteligente, audaz, capaz de hacer todo lo que te porpongas, nunca te rindas, hasta que llegues lejos y digas ¡lo logre!.

Te propongo un reto, si terminas de leer hasta donde dice –FIN- si cumples ese reto mira a los cielos, luego ve a un espejo observate, mira de frente siempre, y dite SOY UNA MARAVILLOSA PERSONA, te ayudara mucho creeme.

LORETO

Me llamo Loreto Espinoza soy una persona igual a tú, con ganas de salir adelante, con ganas de experimentar nuevas cosas, por arriesgarme a todo y a nada. Tengo 27 años actualemte en el año 2021 (cuando leas mi historia de mil razones para que sigas amando, dejame te digo llegué en el momento indicado). Te contaré mi pasado para que puedas entender mi presente e idealices mi futuro. Me entraré a lo que es amar y lo que es ser manipulado por personas que te quieren ver fracasar, hace 11 años atrás comence a experimentar las grandes cosas que me ofrecio la vida, hace 11 años atrás aprendí el verdadero significado de lo que es amar.

Mi vida a pasado por tantas cosas, una de las cosas que aprendí en mi arduo caminar es que jamás nos debemos de arrepentir de algo, en decir "Me arrepiento de hacer aquello", "Me arrepiento de esto, de lo otro", "La culpa fue del vecino", como persona centrada, madura sé reconocer cada uno de tus errores, porque ¿sabes algo?, del error, del fracaso vienen las victorias. Como el legendario y ejemplar **ABRAHAM LINCOLN,** el jamás se rindió, jamás dio su brazo a torcer.

Para dar inició a mi historia de un AMOR CORRESPONDIDO te dejo con un corto mensaje:

¿Sabes que son las metas?

Para que des tu propio criterio;

Nadie alcanza la meta con un solo intento, ni perfecciona la vida con una sola rectificación, ni alcanza altura con un solo vuelo, nadie camina la vida sin haber pisado en falso muchas veces, nadie se mete en un barco sin temerle a la tempestad , ni llega al puerto sin remar muchas veces, nadie conoce su sabor de helado favorito sin haber probado muchos antes, nadie es perfecto, pero sin embargo logran hacer el varón perfecto, corrección : a la altura del varón perfecto. Asi que para darte una breve descripcion acerca de las metas, lo que quiero que entiendas, que las metas es resultado deseado, como eso que anhelas tanto y haces lo imposible posible.

¿Cuál es tu meta?____

____

____________¿Y QUE ESPERAS PARA INICIAR?)

Mi meta: (Una de tantas) Ser una buena persona y por eso Dios jamás faltará en mi vida.

(¡ESTOY EN EL TRAYECTO!)

CAPITULO 1
DONDE TODO EMPEZÓ

2010

Todo empezó por la divina casualidad, para ese entonces era fines del mes de febrero del 2010, donde una amiga de mi mamá le pidió de favor que le hagan unos arreglos para una quinceañera, la sobrina de la amiga de mi madre cumplía 15 años (para no perder detalles le pondremos de nombre a la amiga de mi madre Marcela, y a la sobrina Bárbara), ya que mi madre tenía muchos conocimientos acerca de manualidades, ella anteriormente tenía una librería, pero la cerró por motivos de salud, pero no te digo que por eso ahora ella siga estando mal, no para nada, ella paso de aquello, me preguntaras porque no vuelto abrir la librería, porque ahora dedica tiempo para ella, no te puedo dar más detalles, porque eso le corresponde a ella, y para esta historia te dije que me entraría a mi AMOR CORRESPONDIDO, Marcela (la amiga de mi madre) pidió de favor aquello a lo que mi madre no pudo negarse ya que es una persona que le gusta ayudar a los demás, por ella aprendí lo que es amar.

Recuerdo el 1er día que Marcela me dijo, "hija sabes que atesoro mucho a mi sobrina, y necesito de tu ayuda, (ayuda que no podía decir que no), necesito que me ensayes a unos amiguitos de Bárbara"

-Marcela: ¿Me ayudaras?

- ¡Claro no hay problema! - respondí aun sabiendo que no tenía tiempo para buscar coreografía, porque para ese entonces estaba cursando el 1er año de bachillerato, es decir el 4to año de colegio, pero sé que buscaría la forma para hacer posible el sueño de Marcela.

-Marcela: Gracias hija, ¡te lo agradezco tanto!

-Estamos para servir- le dije.

Has escuchado que en la Biblia dice, en Mateo 20:27-28

27 Y el que quiera ser el primero entre vosotros será vuestro siervo;

28 Como el Hijo del Hombre no vino para ser servido, sino para servir, y para dar su vida en rescate por muchos.

Cuando le dije a Marcela que estamos para servir me sentí algo identificada, yo arriesgue mi tiempo, el tiempo del colegio, ya que en esa época eran los exámenes finales para pasar al siguiente año, imagínate todo el tiempo que paso hasta venir a redactarte esta historia dura de darle vuelta a la siguiente página.

Pdta.: Ayuda siempre al que necesite una mano amiga.

Era inicios del mes de marzo, donde llegó el día en **DONDE TODO EMPEZO**.

Donde vivía al lugar del ensayo tardaba mucho en llegar, me tomaba una hora desde la puerta de mi casa hasta la puerta de la casa del lugar de ensayo, arriesgue tanto, arriesgue que el mal me acompañara, arriesgue tiempo, arriesgue las tantas quemadas de sol hacia mi rostro, que llegaba a casa con todo mi rostro quemado, por el inmenso y maravilloso sol que ofrecía el día, pero jamás me arrepiento de haber dicho "¡Claro no hay problema!".

Llegué y no reconocí a nadie, para mi eran unos absolutos desconocidos, pero entre tantas miradas lo vi a **ÉL**, el que sería para hoy en día un posible querer dé por toda una vida.

-Marcela: Hola hija, lista

-Siempre lista- indague

-Bárbara: Hola me llamo Bárbara, mucho gusto, gracias por ser mi maestra de baile, tú me dices cuando iniciamos y de inmediato los ubico.

-Gracias muy amable; ¿Te parece ya? No hay tiempo que perder- Dije de inmediato, ya que el tiempo valía millones para mí.

Había un chico entre tantos, uno de ellos en un mundo paralelo era su amor de invierno y de las estaciones venideras, su nombre es Sebastián, un chico muy tranquilo, con ojos

marrones oscuros, le calculaba que su altura era de 1,70 m, cabello oscuro, de piel morena, con carisma única, tan única que no imaginaría que en un tiempo venidero iba hacer mi complemento perfecto.
Los primeros días les hacía ensayar algo mínimo, porque las chicas presentes, veía que se les iba a dificultar ciertos pasos que había escogido, y tal vez a los chicos, Marcela quería algo sencillo pero interesante, algo especial como eso que atesoras que es tuyo y no lo compartes, busque varías coreografías y uní varios pasos, otros los cree, se los mostré a Bárbara y me dijo que ciertos pasos no podía realizarlos, seguí en mi búsqueda de nuevos pasos, hasta que los conseguí, eso por la parte de los ensayos, por poco casi descuido el lado de mis estudios estaba en las últimas semanas de clases, y en 4 días hice lo que tenía que hacer hace un mes, el mes de ensayo que me consumió el tiempo, estaba a 4 días de presentar tantos trabajos, proyectos, tareas, inmensidades de evaluaciones por dar para ser exacta de 17 materias (Matemáticas, Física, Anatomía, Química, Filosofía, Ciudadanía, Emprendimiento en Finanzas, Computación, Ingles, Lengua Española, Educación para la salud mental, Psicología, Educación Física, Lógica en Conjuntos Discretas, Algebra, Historia y

Fundamentos para la Salud) y por último UN YO LEO, ¿Qué es eso? UN YO LEO, era una actividad de literatura, consistía de participar en algo relacionado en ellos, como en danzas representativas a lo literario, oratorias, teatros, todo aquello, no entro en detalles acerca de la vida colegial, te lo resumo que aplique una frase que en ese entonces me sirvió, todo sacrificio tiene su recompensa: pues si así es, como les comente sacrifique mucho, y obtuve recompensa, pase con las mejores notas, no en 1er lugar por mala suerte, pero entre todos los 4 paralelos que era como una competencia, quede en el 2do lugar, un segundo lugar, no me quejo no esperaba el 1er lugar ya que en 4 días no fue suficiente, quede en promedio entre todas las materias con un 9,97 el 1er lugar fue con un promedio de 9,99 una calificación casi perfecta.

Personas que me conocen comentan que era un tipo de niña costrosa (ojo era), me autocastigaba yo misma de qué manera, para terminar con esta pequeña redacción de la vida colegial te lo explico de la siguiente manera;

Recuerdo que cuando era tiempos de exámenes, trabajos, tareas, entre otras cosas que debía de presentar a mis maestros, mi nivel de autoexigencia llegaba a un límite absurdo, mientras mis compañeros festejaban un 6 o 7 en matemáticas o en física, yo me castigaba verbalmente, porque para mí sacarme un 8 o 9 era demasiado malo, que hacía lo posible para que a veces me vaya un mínimo 9, hasta que con el pasar del tiempo festejaba por un 7 (claro no pasa seguido) , son pequeñas cosas que uno aprende, el promedio en una evaluación no te define lo que eres, eres más que un 7, eres un 10 al más infinito, porque en la vida es diferente, "LA VIDA ES EL EXAMEN MAS DIFICIL"

¡muchas personas reprueban porque tratan de copiar la vida de otros, y no se dan cuenta que cada examen viene con preguntas diferentes!

Retomando la historia, que en tan poco tiempo salí en unos de los apuros, lo que es el colegio, ya estaba un poco más libre, ya estaba aprobada para ir al segundo año de bachillerato (5to año de colegio), por la parte de los ensayos quedaba una semana para ensayarlos por completo, ya que el 7 de abril era la quinceañera, ya para el 7 de abril estaban listos, otro objetivo cumplido.

Lo que pasó durante el ensayo con Él

Sebastián me buscaba conversa, y aunque en el 1er día me llamo la atención, nunca di el paso para entablar un dialogo, bueno a este punto nunca creo que fui la que dio ese paso a algo o tal vez sí, eso lo descubriremos con el pasar de mi redacción, como les mencionaba el me buscaba conversa, yo lo evitaba a toda costa, ya que era un completo desconocido que sería mi complemento perfecto, él logro que yo le aceptará una conversa, me pregunto de cómo estaba en el Facebook, le dije que estaba como Loreto Espinoza (Lector no me busques entre tantas personas con el mismo nombre y apellido, si deseas conocer más de mí, busca a la autora, ella te dirá más de mi), a lo que llego a mi casa, eso de las 5 y algo de la tarde, veo la solicitud de Sebastián adjunto con un Hola, y ahí empecé a dialogar con él, aunque a él se le imposibilitaba a veces estar activo en la red social, tal vez hacia cosas, tal vez era un chico ocupado no lo sabía para ese entonces.

Una charla de como inicio todo: lo poco que recuerdo es.

SEBASTIAN: Hola, buenas tardes, ¿Cómo estás?

LORETO: Hola muy bien, espero que Ud. igual

SEBASTIAN: Si, pasaba a saludarla, debo de irme, bendiciones, cuídese.

LORETO: Gracias, de igual manera, Bye.

“Llegó la despedida”

Imaginamos que era la despedida, pero no es ahí cuando apenas era el inicio de todo, cuando le llamamos final el destino lo llamo comienzo. Por el mes de junio inicio una breve platica, textualmente:

Y en la U...Como vas ¿?.
A pz no tan bien como esperaba
Xq saco la fto d perfil? Te pasa alg
A solo no queria tener foTo en mi perfil.
Mmmm buenoo
Y como te va
Tus padres como estan..
Tu hermano
Tu abuelita, cole, etc
Me. Va bien .
Mis padres por ahy bien
Mi hermano bien y todos mas o menos ...
El él cole Todo bien .. Supongo

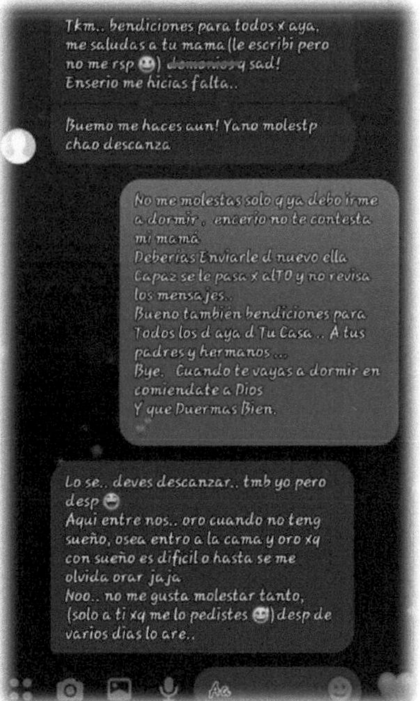
Tkm.. bendiciones para todos x aya,
me saludas a tu mama (le escribi pero no me rsp) q sad!
Enserio me hicias falta..
Buemo me haces aun! Yano molestp
chao descanza
No me molestas solo q ya debo irme a dormir , encerio no te contesta mi mamá
Deberias Enviarle d nuevo ella
Capaz se le pasa x alTO y no revisa los mensajes..
Bueno tambien bendiciones para Todos los d aya d Tu Casa .. A tus padres y hermanos ...
Bye. Cuando te vayas a dormir en comiendate a Dios
Y que Duermas Bien.
Lo se.. deves descanzar.. tmb yo pero desp
Aqui entre nos.. oro cuando no teng sueño, osea entro a la cama y oro xq con sueño es dificil o hasta se me olvida orar jaja
Noo.. no me gusta molestar tanto,
(solo a ti xq me lo pedistes)desp de varios dias lo are..
Aa

Prácticamente así inicio todo, éramos un poco inmaduros, como notarás ciertas faltas en el chat, pero lo dejo plasmado así para que veas que nada es perfecto, te redacto esto un 7 de abril del 2021 siendo las 23:51 de la noche.

Concluyo con este 1er capítulo de un **AMOR CORRESPONDIDO.**

CAPITULO 2
CONOCIENDONOS

Ya era agosto, época de verano, entre Sebastián y yo comenzamos entrar más en confianza, esa confianza de entrega libre, franca, espontanea, esa confianza que ganan afecto y bondad que se gana una persona hacia la otra, éramos amigos, no salíamos, no nos veíamos, solo nos escribíamos, y es ahí cuando viene la PRUEBA DEL AMOR, no la de hacer roce, no, es la PRUEBA DEL AMOR, donde tienes que serle fiel a ese alguien que puede ser tu enamorado, esposo y padre de tus hijos, no nos veíamos porque para ese entonces yo era menor de edad, apenas con 16 años me había dispuesto amar a alguien, mis padres no me permitían salir, y tampoco les reclamo nada porque gracias a ellos puedo ser lo que soy ahora, ser la portadora de anécdotas, palabras, consejos para Uds., paso agosto, llego Septiembre, le di la bienvenida a Septiembre junto a él, que a diario me preguntaba de ¿Cómo estaba?, si ¿Ya había desayunado, almorzado, merendado?, era atento, respetuoso, para ese año él ya estaba en la Universidad, en el pre-Universitario yendo a 1er semestre, estudiaba Derechos, y yo apenas cursaba por el 2do año de bachillerato (5to año de colegio), el me llevaba por 3 años de diferencia, Yo tenía 16 y él 19, a veces el tiempo se iba volando, y a veces demoraban las manecillas del reloj, como ver a una tortuga correr en una maratón, nos despedimos de septiembre le dimos paso a Octubre, que te puedo decir octubre, llenaste mis días de tanta felicidad, que te fuiste más rápido de lo normal, y noviembre entro por una puerta inmensa de sueños, el 7 de Noviembre cumplía 17 años, 17 años lleno de vivencias, lleno de sueños por alcanzar, ideales por que ofrecerle al mundo, celebre mi cumpleaños junto a él, desde Abril la última vez que lo había visto y ahora Noviembre lo vuelvo a ver, llego con un inmenso regalo, no fue rosas, no fue un peluche de más de 2 metros, no , fue algo mucho mejor, fue una carta de más de 2 carillas escritas, dedicándome todo su amor por mí (los pequeños detalles son lo que realmente enamoran a la vida, los pequeños detalles te enseñan el esfuerzo que hay, marcan la diferencia y le confieren a la vida el estatus que le corresponde, es el reflejo de la grandes personas que son y de nuestra capacidad de amar de manera constante y sin condiciones), no leí al instante, decidí guardar la carta, hasta que tenga el momento oportuno de poderla leer a solas, me dijo en voz de susurro eres mi más bella inspiración, mi musa para todas las letras del amor, otra vez llego la despedida, mi cumpleaños acabo, se despidió de todos y se marchó con un gesto alegre, para mí era el rostro de felicidad más pura en un ser humano. Eso me trajo noviembre. Se acercaba el mes de casi todos, el mes a donde muchos les encanta, aunque existen personas que nunca quieren que se acerque el mes de la familia, el mes de estar reunidos y poder compartir vivencias, armar recuerdos, reír, mostrar ese lado alegre, porque ellos no podrán estar con las personas que se fueron a un lugar de paz, aun lugar que solo el roce del viento los puede saludar a sus seres más amados, si tienes un ser amado en el inmenso amor, allá en lugar donde es feliz ahora le pido a Dios que vaya a donde tú estás y te dé un abrazo inmenso con infinitas bendiciones.

Consejo: Valora a las personas cuando las tengas, no cuando las piedras, (te entrego a ti un amor de todas las estaciones, un amor de otoño, de verano, de primavera, de invierno, que todos los días que vayas a dormir, dad gracias por las hermosas personas que habitan a tu alrededor, hermanos, padres, abuelos, tíos, primos, primas, amigos, vecinos, maestros, colegas, tu pareja, tus animales, hasta inclusive las plantas, todo lo que habita dentro de este increíble mundo, es perfecto, porque lo creo el Dios todo poderoso, no seas ateo a cosas que de verdad existen, ateo a ti mismo, de no creerte capaz de lo que puedes logra, de lo que puedes alcanzar, de lo que puedes progresar)

Diciembre me hace acordar una vez más de un ser que amaba tanto, abrazo cada recuerdo, abrazo cada instante que pase con el amor, con el amor de un abuelo hacia su nieta... Diciembre se fue que lo único que le pedí es que mi felicidad siga intacta, que tenga a las personas que amo con vida por la divina eternidad de él, y que mi amor de los 9 meses me siga acompañando en todos los tiempos, en tiempos malos como bueno.

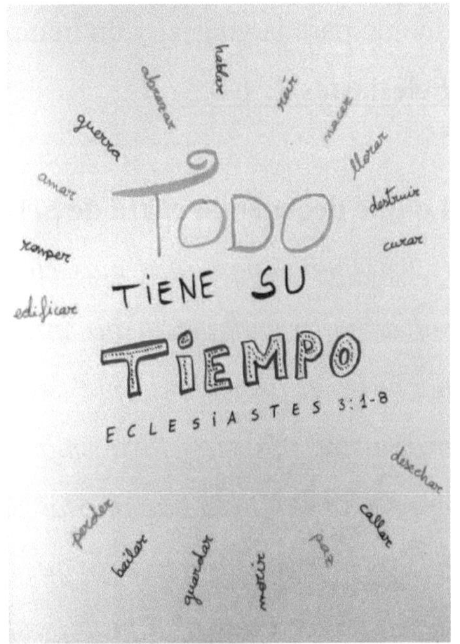

Todo tiene su momento oportuno; hay un tiempo para todo lo que se hace bajo el cielo: un tiempo para nacer, y un tiempo para morir; un tiempo para plantar, y un tiempo para cosechar; un tiempo para matar y un tiempo para sanar; un tiempo para destruir y un tiempo para

construir; un tiempo para llorar y un tiempo para reír; un tiempo para estar de luto, y un tiempo para saltar de gusto; un tiempo para esparcir piedras, y un tiempo para recogerlas; un tiempo para abrazar, y un tiempo para despedirse; un tiempo para intentar, y un tiempo para desistir; un tiempo para guardar, y un tiempo para desechar; un tiempo para rasgar, y un tiempo para coser; un tiempo para callar, y un tiempo para hablar; un tiempo para amar, y un tiempo para odiar; un tiempo para la guerra, y un tiempo para la paz.
Eclesiastés 3: 1-8

Lo que decía en la carta de Sebas:
Feliz cumpleaños a las más Hermosa de todas las flores, al sol de mi mundo, a la luz que alumbra mi sendero en las noches de oscuridad, me siento lleno, tan lleno de su presencia, Es la joya más preciosa que las piedras preciosas,y todo lo que puedas desear no se puede comparar a ti, es la joya más preciosa que atesoraré por una eternidad, deseo poder estar a tu lado todos los cumpleaños proximos, para seguirte regular más de mis versos, no soy poeta, pero por tí soy sincero. Jamás me podría enojar contigo, pero lo que sí puedo hacer es enamorarme todos los días de mi vida

e idealizando mi vida junto a ti, te dejaré de amar hasta más allá de la inmensidad, aunque mi aire sea cortado iré en busca de tu aliento, para ser una sola persona respirando el aire puro, hoy te regalo mis palabras de honestidad, quiero que sea un cuento de hadas, un cuento de hadas donde eres mi más bella princesa, después se convierta en mi reina, la reina de mi amor, pude haberle dado joyas, peluche, chocolate, pero eso queda más las palabras quedarán por siempre, te llenaré de grandes vivencias, apenas somos unos niños, pero unos niños con ganas de querer mucho, yo quiero mucho de tu amor, mucho de ti mi amada LORETO, nombre que una damisela como Ud. Lleva, el nombre más hermoso que he llegado a escuchar, soy un loco, pero un loco de amor, aunque seamos amigos la quiero, le dije al destino que seas toda para mí, él supo decir que le ofrecía a cambio, y lo dije a cambio de ella mi vida entera junto a ella y se marchó sin saber lo que pasará más adelante, pero lo que sé es que el destino se encargara de lo nuestro, no imagine lo potente que podría ser, era un carro sin batería sin gasolina pero llegaste a ser mi motor perfecto que encajabas en mí por eso doy vueltas hacia ti, porque eres ese todo que nunca pedí tener pero que llego a mí para cambiarme la vida, desde el primer día supe que yo era para ti. Tú eres la magia que hace increíbles mis días y la pasión que enciende mis noches, y no hay nada que quiera más que tenerte por siempre entre mis brazos, suspirando palabras de amor. Por eso, te entrego mi corazón, todo lo que tengo y lo que soy, esperando estar contigo para toda la vida, y así amarnos y acompañarnos, sin límites, sin medidas. Porque te amo, querida, y quiero demostrártelo para llenar tu mundo de alegría. Nunca me imaginé estar enamorado y mucho menos escribiendo cartas ni mensajes románticos, pero ha cambiado tanto dentro de mí, que ahora parezco un hombre nuevo; y es que eso hace el amor cuando es puro y sincero, cambia a las personas y las hace mucho mejores de lo que un día creyeron poder ser. Hoy, tengo la suerte de decir que estoy enamorado y que me siento muy afortunado por tenerte a mi lado, pues contigo he sentido algo que jamás me había ocurrido, y ahora me encuentro escribiendo este texto, lleno de romance y de amor eterno.

Gracias por ser mi motivo para ser mejor y para abrirle al amor las puertas de mi corazón.

Te amo.

ATT: UN LOCO QUE MUERE DE AMOR.

Admito que no me lo esperaba…

2011

Bienvenido nuevo año, ¿Qué me traes?, le pregunté al tiempo, mi voz interior dijo te traerá bellos y malos momentos, ¿quieres averiguarlo?, toda angustiada dije, por supuesto, adelante, Sebastián siempre me escribía, cada que lo hacía todo mi mundo se ponía de pies a cabeza, platicamos sin parar, claro está que, en los momentos libres, tenía él como yo cosas que hacer en el hogar y en lo académico igual, paso enero, el 21 de enero era su cumpleaños, me invito y asistí, me sentía gustosa de estar en el mismo lugar que Sebastián, él estaba algo ocupado pero no me disguste, era su cumpleaños y varios de sus amigos le estaban felicitando, por mi lado tenía algo de sed y fui por un vaso de agua, para saciar mi sed, para mi sorpresa me encontré a Bárbara ella no me vio porque estaba platicando con unas amigas de ella, a lo que retrocedí que por un instante olvide la sed que tenía y escuche algo que me quede petrificada, no era una charla de ellas, de sus vidas, no, no, y no, no era eso, era un amorío de Sebastián con Bárbara, ¡Si con Bárbara! (los nombres de las amigas de Bárbara eran: Maite, Aimé, Stefany)

Bárbara: No imagina que ella estaría aquí también – con un semblante de muy malos amigos

Maite: ¿De qué hablas?

Aimé: Si tonta de que rayos estás hablando ahora

Stefany: Pues que no saben que el nuevo "amor" de Sebastián se encuentra en este mismo lugar- Stefany era la mejor amiga de Bárbara

Maite: Ya dinos ¿Quién es?

Aimé: Y a ti que te importa si está o no está aquí, Uds. dos fueron historias, algo que se dio, pero como que jamás paso- a este punto no entendía nada, solo quería saber la verdad

Bárbara: Quieren conocerla, pues vamos, no hay bronca

Maite: Mueve esas piernas y andando

De inmediato quería salir de ahí y no tenía otro camino que tuve que pasar por encima de ellas, ellas iban para la derecha yo para la izquierda, Stefany me vio, pero se quedó en silencio y fue de largo junto a Aimé, Maite y Bárbara. Me fui sin despedirme de Sebastián, llegue a casa con saber qué era eso que acabe de escuchar. Al rato mi teléfono comienza a sonar y era Sebastián, pero no atendí la llamada, ni siquiera pude entregarle un obsequio que le había preparado a él, él no me busco, bueno tampoco conocía mi casa, porque el día que fue mi cumpleaños no fue a donde vivía yo, era más bien un local por la parte del centro, paso febrero, marzo, abril, y mayo, 4 meses sin que él sepa nada de mí, no quería saber nada de él ni siquiera le di oportunidad de que me explicará, hasta que un 24 de mayo me acuerdo tan bien porque tenía que dar una lección del 24 de Mayo: **BATALLA DEL PICHINCHA** (El 24 de Mayo de 1822: Batalla del Pichincha, bajo el mando del mariscal Antonio José de Sucre, Ecuador fue liberado del colonialismo español), bueno el 24 de mayo llegando a casa después de un día estresante de clases, yo estudiaba en la tarde, y llegaba a la casa 6:30 pm, cuando decido abrir los mensajes de Sebastián explicando algunas partes que no sabía.

MENSAJE DE: Tu amor imperfecto

PARA: El sol de mis días

Sebastián: Hola, no sé lo que habrás escuchado, no sé qué habrás entendido, solo sé que te AMO, ¡lo sé! ¡lo sé! que somos amigos, pero entonces porque quiero que seas la niña de mis ojos, el sol que abrace mis días, mi café favorito, mi tesoro más preciado, eres la musa de mi corazón, mi melodía tan única, que seré egoísta porque solo te quiero para mí, el día de mi cumpleaños se acercó Maite, Aimé, Stefany, y pude entender lo que había pasado, porque el alejamiento tan cruel para nuestras existencias, Stefany me explico que tal vez oíste la conversa, te explico; Bárbara y yo somos pasado, yo no sabía que ibas a parecer para cambiar mi mundo, mi mundo contigo es como ir a otra dimensión, si no se lo dije antes era para no incomodarla, estuvo mal de mi parte no haberlo comentado, ¡lo siento!, ¿PODEMOS HABLAR?, Bárbara nunca fue mi novia, como dijo Aimé fueron historias, algo que se dio, pero como que jamás paso, iba a ser mi novia, pero algo de mi decía que no era la ideal para mí, lo que paso entre ella y yo fue que muchos confundían un amorío en vez de amistad, ¡lo siento! Una vez más.

Att: Un Mundo que gira alrededor de su Sol

Llego junio y julio hasta que decidí escribirle, le dije que no seré la misma de amorosa, que no me exija que lo quiera, que ya no me mire con ojos de amor, solo una amiga más, parece absurdo, pero que puedo hacer con mi ego, en especial que a mis 17 años jamás me había enamorado o de que jamás había tenido una relación, el acepto, para el mes de agosto y septiembre fui sanando algo que jamás debió herirse, para ese entonces llevábamos 18 meses de conocernos, 18 meses de amistad y él no se rendía, cuando yo quería cerrar algo que ni había comenzado, no sé si él se cansó de mi falta de interés, por mis palabras frías, por mi cambio de pensar, de tantas veces que me dijo para salir, acepte una, fue el 24 de Octubre, nos encontramos en una plaza cerca del centro.

El último encuentro del 2011:

Sebastián: Hola, Al sol más grande que irradia tanta belleza.

Loreto: Hola- respondí sin ninguna emoción

Sebastián: ¿Me quieres?

Loreto: Porque debería

Sebastián: Gracias, porque sé que el que causo esto fui yo, fue mi error, un error que no me arrepiento tampoco, porque si te lo decía antes no estaríamos 19 meses de amistad, con la esperanza de ser tu AMOR DE TODAS LAS ESTACIONES. Te enseñare un amor que jamás deja de ser, pero para dar el inicio, prométeme que te amaras a ti, porque sabré cuando debo de regresar, ¿me lo prometes?

Loreto: Me citas aquí para despedirte, ok, ya te puedes ir, ok te prometo amarme a mí misma, y si te vas prométeme que te amaras a ti también, te dedicaras a tu familia y a tus estudios. – lo dije con voz de tristeza, no imaginaba que un final se acercaba, un final que en realidad yo provoque, pero que jamás me arrepiento de nada, estoy para aprender.

Sebastián: Ok mi querido **amor correspondido**- sin saber que de ahí naciera un tema para ser voz de muchos.

Loreto: ¿Esta es una despedida?,¿Por cuánto tiempo?

Sebastián: Dios decidirá aquello, te parece pasar estos últimos minutos agarrados de la mano, y disfrutar de lo hermoso que esta el día.

Loreto: ¡Listo! - me sentía algo apagada, pero quería pasar esos últimos minutos con él.

Sebastián: Gracias por este tiempo contigo, me devolviste las ganas de vivir. "te amo" - me quede en un silencio profundo que lo único que logre hacer es darle un abrazo sincero, sin malicia, sin nada más que hacer.

Sebastián: ¿Te acompaño a coger bus?

Loreto: ¡Claro!, al fin y al cabo, va hacer el último bus de amor de este 2011

Sebastián: Y perdóname por no poder ir a tu juramento de bandera, ni a tu graduación, solo mira al cielo y no porque esté muerto si no que en ese instante te enviaré mi brisa a felicitarte ¡adiós! Mi más grande amor.

Se despidió dándome un beso en la frente, un beso de protección que lo única que me tocaba era de cumplir una de las promesas, de AMARME A MI MISMA.

AMOR PROPIO

CAPITULO 3
TIEMPO SIN ÉL

Te contaré todo lo que viví sin la presencia de él y a la vez de él.

Un año sin él, pero con la esperanza que regresará

Vino una vez más el día de mi cumpleaños, pero estaba vez sin él un 7 de noviembre diferente pero feliz porque Dios me presta un año más de vida, e iniciar por mi hecho de amarme a mí misma.

Cumplía 18 años, 18 años que estaba a punto de cumplir una de mis metas, estaba a 3 meses de graduarme, un peldaño más por subir, No me olvidé de Sebastián cada vez que me acordaba de él miraba a los cielos, para que el me envié un abrazo a mi alma, comencé amarme más de lo que podía, ya no me importaba la historia de Bárbara, no fue en mi tiempo, el destino es así, el destino sabe muy bien con quienes vamos a estar, con quienes vamos a formar parte en una vida eterna, con quien nos complementará, hay destino, porque eres tan cruel y amable a la vez, ahora me aventuraré por ese amor a mí, aunque me costó lo logre, porque en realidad el primer amor que tenía quedarme era el amor de Dios, para tenerme a mí, y el amor de los demás.

Cuatro pilares, que son importante aplicarlos:

Autoconcepto. _ (que piensas de ti mismo);

Autoimagen. _ (que opinión tienes de tu aspecto);

Autoesfuerzo: _ (en qué medida te premias y te sacrificas);

Autoeficacia. _ (cuánta confianza tienes en ti mismo)

Siempre pensamos que habrá un mañana, pero el tiempo siempre se acaba. No necesariamente busques el placer a través del consumo. En todos los casos, se considera hedonista a la persona que en sus acciones diarias prioriza su propio placer al tomar decisiones

2012

El tiempo paso tan rápido que estaba a horas de graduarme, para ser exacta 16 horas, antes de irme a dormir pedí a Dios que en donde quiera que él este, se encuentre bien, y si esta historia de amor se tiene que dar, se dé bajo la voluntad de él (de Dios), y le agradecía tanto porque me graduaba, apenas era del colegio pero es un gran paso, que hay jóvenes que no tienen la oportunidad de estudiar, porque la economía no les alcanza, muchos en vez de estudiar van en busca del pan de cada día, para la sustentación de su hogar, no nací en una cuna de oro, nací por voluntad de Dios, en medio de la nada, uno no escoge a los padres, uno no escoge a la familia, pero si escoge el camino en que seguir, en la familia que hayas nacido dad gracias, si estas con mamá, papá, hermano, abuelos, primos, tíos, dad gracias, y para lo que ya dejaron este mundo y fueron a otro dad gracias por todos los buenos recuerdos que ahora viven en tu memoria,

aunque los recuerdos no se pueden abrazar puedes experimentar la grandeza que esos seres amados dejaron en ti, dejaron plasmado esa huella, que te impulsa a dar lo mejor día con día, se agradecido, agradecida con lo poco o mucho que tienes, pon tus nombres en lo alto, pero sobre todo, pide a Dios de los cielos, al Dios todo poderoso e inalcanzable, que tu nombre esté inscrito en el libro de la vida, con tinta de oro, y letras grandes, que estés inscrito en el libro de la vida, el único libro que debemos desear allá estando en presencia con papá Dios. No apartes tu corazón de Dios.

Llegó el día de mi graduación, pero sin la compañía de él, bueno eso pensé, de pronto en donde era el lugar de la sección solemne lo vi, vi a quién no había visto desde el mes de octubre hasta hoy 26 de febrero del año 2012, no sé si fue mi imaginación, pero era el mismo chico tranquilo, con ojos marrones oscuros, de altura 1,70, cabello oscuro, de piel morena, con carisma única, deje mi puesto para ir a ver ese chico que pasaba por ahí, pero se me perdió entre tanta gente, desapareció, al menos supe que estaba ahí aunque no lo vi más después de ese reflejo, lo único que me mantenía firme era sus palabras “Dios decidirá aquello”, sabría que volvería, aunque haya pasado 4 meses de su ausencia, a veces lo único que tenemos es el amor de Dios, el nuestro y de quienes nos quieren ver feliz. Amar es encontrar en la felicidad de otro, tu propia felicidad, eso es lo que, hacia él, encontraba su felicidad atraves de mí, yo era su espontaneidad, su complemento ideal para toda una vida, o mejor dicho hasta la eternidad.

Para el mes de marzo había Postulado para una buena Universidad, esperabas respuestas si me aceptarían o no, espere y espere y dentro de dos semanas reviso mi e-mail y era la solicitud de la Universidad me había aceptado, salté de emoción ya estaba por iniciar mi carrera, entre las varias opciones a escoger estaba la carrera de Derechos, postule para Derechos seguí revisando y de inmediato vi la carrera de Ingeniera Química me quede cautivada y postule también, estaba indecisa al principio quería derechos porque Sebas estudiaba esa carrera, pero mi yo interior me dijo escoge lo que a ti te gusta, porque a él también le gustara, y lo deje a la suerte del destino paso 4 días y en mi e-mail estaban las dos carreras , ¡imagínate! Yo que esperaba que solo en una me digan la opción dad clic aquí para tu registro, ambas tenían las mismas opciones, y no fue la suerte quién lo decidió (desde ahí comprendí que la suerte no existe), y elegí sabiamente, fui por la carrera de Derechos no, no te creas, aunque quería estudiar lo misma que Sebas no fue esa mi elección, aplique para Ingeniera Química, ya estaba lista para aprender a estudiar los materiales de cara a transformarlos en productos para el consume, yo me veía en un laboratorio lista para investigar las propiedades de las sustancias y tambien para diseñar nuevos procesos de síntesis que rentabilicen la producción y sus usos, ok me dije yo calma que apenas vas entrar, eso es después apenas estás saliendo del cascaron y era verdad yo imaginando todo eso, lo Bueno que ya faltaba poco para dedicarme a eso, hice todo para ya empezar las clases, el formulario decía que en el mes de marzo iniciaban las clases, y así fue un 12 de marzo inicie las clases, paso abril, mayo, junio, y culmine mi primer parcial ya quedaban 3 meses más para culminar el Pre-Universitario. ¡QUE EMOCIÓN!

Paso Julio, agosto, septiembre y culmine el Pre-Universitario por 6 meses deje de pensar en Sebas, dedique todo mi tiempo en los estudios, y cuando no veía señal de él, me mantenía firme en que él regresará, cuando algo pierdes y buscas sin cansancio, con la esperanzas que encontraras eso tan deseado, yo esperaba el tiempo de la llegada de él, buscaba, buscaba una respuesta de cuándo regresaría pero aun no era el tiempo de no encontrarlo, así como ese algo que sigues y sigues buscando pero no lo hayas y dejas de buscar, que cuando no buscas ese algo viene a ti sin pensarlo, sin ningún aviso ni carta de invitación. Así llego él sin ninguna carta de invitación.

CAPITULO 4
EL PACTO DE ETERNIDAD

Había pasado un año de su despedidad del 2011, y llego un mensaje de WhatsApp y era él, había reaccionado a un estado mio diciendo:

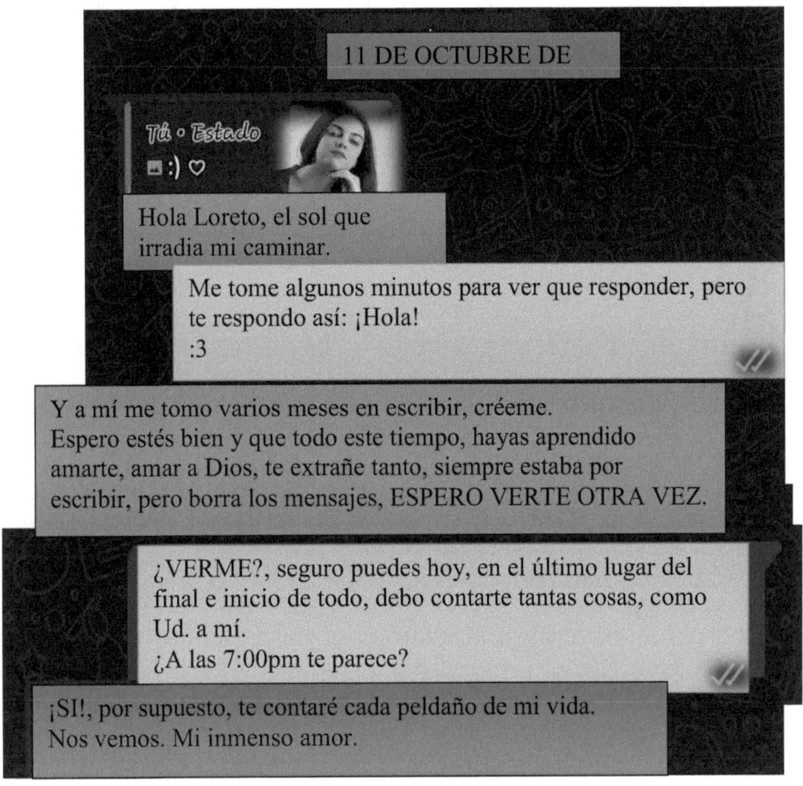

Nos encontramos en el último lugar que nos vimos, ahora que lo pienso es el primero lugar de un pacto de amor.
Él llego primero que mí, estaba con una camisa de mangas largas, pantalones cafés, y con todo su encanto, yo traía puesto un vestido blanco con algo de fucsia en los bordes, estábamos conversando de todos los que nos había pasado mientras la distancia nos separaba, que loco no, que fuimos nosotros quienes nos separamos, pero aun así no nos arrepentimos de nada, recuerdas que al principio te dije que no debes de decir: "Me arrepiento de hacer aquello", "Me arrepiento de esto, de lo otro", "La culpa fue del vecino", como persona centrada, madura sé reconocer cada uno de tus errores, porque ¿sabes algo?, del error, del fracaso vienen las victorias. Por eso no te arrepientas de nada.
Se acercaba noviembre nuevamente, pero este noviembre era parecido al del 2010, no como el del 2011 que no estaba con él, a pesar de todo seguiamos siendo amigos, aunque no me creas pero es la verdad, hasta la fecha habido un beso de labios, porque para amar, hay mas de mil manera de demostrar lo que el verdadero significado de AMAR, parece de peliculas este amor, pero es la realidad, si él no hubiera aparecido en mi

vida, no tendría que dedicar este mensaje a Uds., no sería la voz, la portadora para Uds, pero aún no se acaba esta historia, apenas estamos entrando al año 2013 y tengo mucho que contarte.

2013

En un abrir y cerra de ojos ya estabamos Enero, era un 20 de Enero cuando le tenía una sorpresa para su cumpleaños, esta vez la sorpresa se la di un día antes del cumpleaños de él, recuerdan la vez pasada, no le pude dar su obsequio de cumpleaños, no quería que pasará nada parecido, aun no eramos novios, pero lo que sabiamos los dos esque nos amabamos, la sorpresa consistía en hacer un pacto, y dar como obesquio todo mi amor por él adjunta una carta de cientos de palabras, la carta decía lo siguiente:

Hola Sebas, todo el tiempo que no estuviste, me aprendí amar, no lo hice sola, lo hice con ayuda de Dios, sabes porque nos conocimos, nos conocimos gracias al destino, o más bien por que Dios así lo quiso, pero ambas van de la mano, agradezco mucho tu tiempo, tu paciencia, por ser mi primer amor, te conoci cuando tenía 16 y ahora que tengo 19 años he madurado, gracias 1 a Dios, 2 mis padres 3 a ti, has escuchado que en las bodas dicen hasta que la muerte los separe, pero te digo que ni la muerte nos separara, más aya de todo te seguiré amando, es algo figurativo pero es mi verdad, antes de que aparecieras fui a casa de Bárbara porque si no hubiera sido los quinceaños de ella, nada de esto hubiera sido posible, bueno ella en 2do plano, porque en si fue Marcela, la tía de Bárbara, pregunte por Marcela, para darle gracias por haberme hecho ser particuipe de algo, que gracias a ella encontre mi amor de todas las estaciones, Bárbara con voz delicada, me supo decir- Lamento que ella ya no este para que le agradezcas por ese algo que ahora te hace feliz,- Yo no entendía o más bien si, pero no quería asimiliar que una de dos opciones que tenía sería verdad, una de mis opciones era que Bábara se molestara por algo, y que la tía, que Marcela no estuviera en casa (hubiera preferido esta opción), y la otra opción era de que Marcela fue a un vuelo donde no hay retorno, donde no podrá regresar jamás, que solo estará esperando en un lugar mejor a sus seres amados, que fue a formar parte de personas que se fueron sin poder decir adios, que fue a visitar a mi abuelo, que fue a decirle que yo estaba logrando cada una de mis metas- Bárbara no me supo decir que solo eso, pero insití que me dijera donde estaba Marcela, Réplique, acaso ¿fue a un lugar de descanso?, moviendo la cabeza me dijo que si, llegue algo tarde para agradecerle a Marcela por lo bien que la hice en ayudar, ella se fue a ese lugar de descanso, se fue feliz porque le pudo hacer realidad esos 15 años de Bárbara, y es ahí donde entendí eso que te dije de jamas arrepentirse, acaso ¿tu sabías Sebas lo de Marcela?, aunque sea si o no, ya es tarde, en esta carta te quería contar eso para que sepas todo lo que hice en tu ausencia, que fui a disculparme con Bárbara, aunque yo no tenía culpa alguna, pero es mejor así. (Entre tantas palabras esas son las que recuerdo). Pero a esa carta termine con un :

Att: La niña que alumbra tu vida

Él llego le entregue la carta, dije que la leyera cuando este a solas, y que ahora me acompañe a un lugar secreto que tenía, que iba siempre cada vez que mi mundo se venia a bajo, era edificio abandonado pero no era peligroso estaba en las afueras de la ciudad en la parte de atrás habia un jardin que conectaba a un río, le tenía preparado un sendero de letras que decía ERES UN AMOR CORRESPONDIDO, al final del camino le mostré un pequeño video, un video que si te lo podría proyectar entenderías el entusiasmo que se podía

sentir, le dije que no hablará que aun no había acabado la sorpresa, el anhelaba tanto poderle expresar al mundo lo que sentía, lo que quería, lolleve al río donde le dije que diga todo lo que no había podido decir, le dije ahora habla, dilo, estas en donde nadie puede impedir que digas lo que sientes, que nadie te impida decir lo injustos que han sido con personas humildes, con personas que no han tenido culpa alguna, el había perdido a un hermano y nunca le dijo lo que sentía por su hermano, asi que el empezo por ahí, dijo todas las palabras hermosas hacia su heramno que fue a un lugar mucho mejor, a ese lugar de la inmesa eternidad, a donde estará tal vez con Marcela y mi abuelo, disfrutando de una hermosa compañía, después de aquello me invito a que yo le diiera todo a Marcela y a mi abuelo todo lo que no pude decirle, así fue como le di gracias a Marcela por tantas cosas, al terminar me dirige hacia mi maleta tenia una cajita, adentro habían 1 corazón que se dividia en 2, en 2 partes, una le di a él y otra me quede yo, me agradecio tanto por la sorpresa, pero la sorprendida fui yo porque él tenia una cadena que su hermano le había dado y puso la mitad de su corazón en la cadena, el digen encajaba perfectamente, yo igual tenía una cadena que me había regalado mi abuelo, y el me dijo ahora tu otra mitad debe de estar en el collar que te dio tu abuela, y asi fue como tenia algo especial en mi, al igual que él, ya quisieran que me de un baño con él en el río, pero no, no habiamos llevado ropa para regresar, asi que eso no fue posible, regresamos, nos despedimos, el me diejo en mi casa y se fue feliz a la suya, la felicidad siempre dura, no lo dudes, solo cree. El pacto consistia en nunca separarnos, que siempre confiariamos en Dios. El 1er pacto de mi vida.

CAPITULO 5
SERVIR A UN SOLO DIOS

¿Alguna vez ha pasado con una pareja cristiana un día que la proporción una dosis enorme de nuevo aliento?

Esta fue la experiencia mía que atravesé con Sebastián después de tanto tiempo, de un largo viaje que aún estamos en medio de empezar. Todo empezó después del día de la sorpresa, después de su cumpleaños…

Para el mes de febrero, después de 3 años bueno 2 años 11 meses, el dio el siguiente paso, ya había hablado él con mis padres, para que yo fuera la novia, como lo ves, la novia, (imagine que solo sería su novia en este capítulo), el con 22 años y yo con 19 años, a la edad de 19 años tuve mi primer amor formalizado, tanta espera tuvo algo fortuito, Ya para ese entonces yo iba a segundo semestre de Universidad y él a 6to semestre de Universidad, como pasa el tiempo, ya él no está en un pre-Universitario, no, ya en 6to, y yo no soy una chica de colegio, ya estaba recorriendo mi vida, para ser una profesional, quería estudiar derechos al igual que él, pero me enamore de otra carrera, Ingeniera Química (recuerdas que entre las tantas opciones esta me cautivo), no me quejo de la carrera, ninguna carrera es fácil, "ninguna".

Fui su novia un 7 de febrero hasta el 18 de marzo del 2014.

Pdta.: mi primer beso lo di el 7 de febrero, el día que me pidió ser su novia.

2014

Prácticamente un año, después de un año, me pidió matrimonio, no me lo esperaba, ya para ese entonces él ya era un profesional en la carrera de Derechos, a mí me faltaba 2 años para acabar la Universidad, al momento de que él me dijo **¿QUIERES CASARTE CONMIGO?,** de inmediato respondí **¡SI!** Y en el oído le susurre, pero nos casamos cuando me incorpore, me dijo, listo mi futura Reina, y así fue 2 años de espera, 2 años en lo que fui prometida de Sebas, no había apuro, siempre esperábamos el tiempo ideal para Dios.

2015-2016

Durante los 2 años comprometida, conseguí un trabajo a medio tiempo, y Sebas un trabajo en el departamento de Derechos, de abogacía, él ganaba 5% más que yo, pero no íbamos a fanfarronear la plata, en esos 2 años invertimos en nuestra casa, porque nos íbamos a casar, aun yo vivía con mis padres, y él igual, no íbamos después de casado a casa de nuestros padres, no, claro que no, por eso nos propusimos un reto, íbamos ahorrar para la boda y para nuestra futura casa, y así fue, en 1 año ahorramos lo suficiente para poder construir, la plata de la boda estaba separada, y en un año la casa de nuestros sueños estaba terminada.

No te cases sin antes no haber edificado tu casa primero, casarte es para que estés en un ambiente con tu pareja, para que nadie te pueda decir lo que es tuyo y lo que no.

Llegó el día de dar el siguiente paso.

Antes del gran día decidimos que nuestras vidas, aún estaban vacías, no por los dos, y no porque no tengamos a Dios en nuestros corazones, es más necesitábamos ir a congregarnos, a buscar más la presencia de Dios, fuimos en busca de un ministerio, era un fin de semanas, donde hayamos un lugar para poder ir, a nuestros alrededores habías voces que decían que era una pérdida de tiempo, pero nosotros no somos ateos en Dios, creeos las maravillas, y aunque personas cercanas a nosotros tuvieron que partir había que aceptarlo, si así Dios lo quiso fue por algo.

Amigo(a) lector no quiero que te aburras en las tantas veces que nombro a Dios, pero dime, cuando pasas por momentos difíciles en tu vida, ¿A QUIÉN ACUDES?, cuantas veces nombras a Dios ahí en tus angustias, en medio de tus penurias, por eso has leído tantas veces el nombre de DIOS, porque son todas las veces que Dios me ha ayudado, y que a ti igual, no dejes que otras personas te digan que Dios no existe, cuando eso pase diles con toda honestidad: tu puedes ver el aire, puedes tocar el aire, pero incluso lo sientes, nadie de nosotros ve los órganos que tenemos, a menos que veamos los órganos de alguien más, pero a lo que quiero llegar, hay cosas que no vemos pero creemos, y tenemos la certeza de que exista. No dejes que el pecado te persiga, que te ates a un peso perpetuo, desátate de ese mal que te sigue, despójate de todo lo malo, no idolatres. SED SOBRIOS, Y VELAD; PORQUE VUESTRO ADVERSARIO EL DIABLO, COMO LEÓN RUGIENTE, ANDA ALREDEDOR BUSCANDO A QUIEN DEVORAR. **1PEDRO 5:8**

CONSEJO:

Deposita tu confianza en Dios, toda ansiedad, porque él cuida de TÍ.

Un viejo proverbio dice: Si te gusta alguien por su físico, no es amor, es deseo. Si te gusta por su inteligencia no es amor, es admiración, si te gusta por sus riquezas no es amor, es interés, pero si no sabes porque te gusta… entonces, eso sí es amor.

Se suponía que para el año 2016 me casaría, pero no fue así, nadie se esperaba que para este año un Terremoto se avecinaba, el Terremoto aquí en Ecuador.

RESUMEN DEL TERREMOTO

El 16 de abril un terremoto de magnitud 7,8 (escala Richter) azotó las costas del noroccidente ecuatoriano. Su epicentro estuvo localizado cerca del pueblo de Muisne, 170 Km al noroeste de la capital de la república, Quito. Aun cuando el epicentro tuvo lugar en un área rural remota, varios pueblos en las provincias costeras se vieron afectados. Las áreas más afectas fueron las provincias de Manabí,

Esmeraldas, Santa Elena, Guayas, Santo Domingo y Los Ríos, mismas que fueron declaradas por el Gobierno como en "estado de emergencia". La provincia más afectada fue Manabí; uno de sus cantones, Pedernales (55.000 habitantes), se ha declarado como "zona de desastre", con acceso limitado. Al 21 de abril, se informó que hay 587 personas fallecidas, 155 perdidas y 7.015 heridas. Hay más de 1.125 edificios destruidos y más de 829 están afectados, incluyendo 281 escuelas. Adicionalmente, hay 25.376 personas refugiadas en albergues colectivos. Varias obras de infraestructura, incluyendo muchas carreteras y puentes están dañadas, lo cual presenta un desafío logístico y de comunicaciones en ciertas áreas. Equipos gubernamentales e internacionales estuvieron evaluando la situación y llegarán a las zonas afectadas en los próximos días, lo cual podría resultar en un incremento en las cifras oficiales sobre el impacto y daños.

Se estima que aproximadamente 720.000 de los 7 millones de personas que viven en las seis provincias afectadas han sufrido las consecuencias del terremoto y necesitan asistencia. (Para ese entonces las cosas eran muy graves aquí en Ecuador, por ese motivo se suspendió la boda, nos vemos en el siguiente capítulo).

CAPITULO 6
UN FINAL POR INICIAR

2017

Llegó el día de nuestra boda, todos estaban orgullosos, a pesar de que paso alrededor de 7 años para dar el sí acepto de por vida, si los hubiera conocido a Uds. mis lectores, para poderlo invitar a la boda del año, porque todo se diseñó en un plan de Dios, no importa si es pequeña o grande tu boda, es de la perspectiva que la quieras ver, agradezco mucho a quienes me apoyaron, agradezco al que dentro de pocos minutos va hacer mi esposo, te enseñe varios tipos de amores, amor arriesgado, amor justo, amor comprensible, amor propio, amor a tu prójimo, amor a tus sueños, a tus metas, amor de las inmensidades, amor a lo real, amor a lo imaginario, amor a lo que ya no está contigo, amor de los amores, amor de quedarte, amor de soltar, amor de añorar, AMOR A DIOS, "Más **el fruto del Espíritu** es amor, gozo, paz, paciencia, benignidad, bondad, fe, mansedumbre, templanza; contra tales cosas no hay ley" **Gálatas 5**:**22, 23** y 24, te regale aventuras, te regale paciencia, te regale bondad, te regale perdón.

Estaba caminando hacia el altar sujetando el brazo de mi madre por el lado izquierdo, y por el derecho el brazo de mi padre, mi prometido a la espera de ser entregada a él, lloraba como a niño pequeño le quitan su paleta, los ojos como el carmesí, empapado de emoción, yo retuve las lágrimas, solo me abrazaban las emociones, no lloraba porque amigo(a) el maquillaje, no podía arruinarse, Jajaja.., parece chiste, pero es anécdota, llego en la parte que el pastor que nos casaba se dirigió a Sebas:

El novio: Yo, (Sebastián Alexander Villares Torres), te quiero a ti, (Loreto Renata Espinoza Espín), como esposa y me entrego a ti, y prometo serte fiel en la prosperidad y en la adversidad, en la salud y en la enfermedad, y así amarte y respetarte todos los días de mi vida hasta que la muerte nos separe.

Luego mi turno llego:

La novia: Yo, (Loreto Renata Espinoza Espín), te quiero a ti, (Sebastián Alexander Villares Torres), como esposo y me entrego a ti, y prometo serte fiel en la prosperidad y en la adversidad, en la salud y en la enfermedad, y así amarte y respetarte todos los días de mi vida hasta que la muerte nos separe. –hasta que la inmensidad deje de ser.

El pastor para culminar dijo:

Por el poder que me han otorgado LOS DECLARO MARIDO Y MUJER, voces por doquier decían con emoción ¡QUE VIVAN LOS RECIÉN CASADOS!

Cuando apenas conocí a Sebas le pregunté que para él que significaba ¿AMAR?

A lo que él me supo responder fue:

Empiezo, que es amar... Para mi aquello va cogido de la mano con muchas cosas y es la obtención final de varios requisitos por decirlo asi... 1 Antes que nada Dios, sabemos de sobra que si no podemos amar a Dios no podemos amar a otra persona por más que queramos. 2 Amor propio, si no aprendo a amarme a mi, a darme el valor que me merezco yo mismo, entonces es imposible que pretenda hacer aquello con otra persona 3 Amar a mi familia, ya que ellos son los que dia a dia me edifican y enseñan el significado de amar entre otras cosas, logrando todos esos requisitos (por decirlo asi) estoy seguro que podria amar, se preguntará ¿SEBAS CUMPLIRÁ TODOS ESOS REQUISITOS? La respuesta es (se lo digo de corazón) que aún no logro amar como me gustaría a Dios, no me he congregado, aduras penas leo la biblia y oro. Al projimo es igual(para ser exacto me hicieron algo el cual quede no con rencor, resentido tal vez ya que nunca imagine que aquella persona me haría tal cosa). Asi que no, no puedo amar aún, pero si puedo hacer algo y es más trabajo en ello cada día y eso es ACERCARME MÁS A DIOS, VIVIR BAJO SU VOLUNTAD, OBEDECERLO Y AMARLO. TRATO DÍA A DÍA DE SER UN MEJOR HIJO, COMO DICE LA BIBLIA (el buen hijo es el orgullo del padre y el mal hijo la verguenza del mismo) NO QUIERO SER LA VERGUENZA BAJO NINGUNA CONDICIÓN. Le doy gracias infinitamente a Dios, y a ud... Desde que ud llegó a mi vida no ha hecho más que mejorarla, me motiva a seguir adelante en todos los ambitos, sinceramente antes estaba más que mal que ahora por decirlo así, no cogia la biblia, oraba de repente y no era el mejor hijo. Pero ud llena de Dios me devolvió las ganas, la curiosidad de aprender de Dios. Les agradezco infinitamente y a Dios. Retomando el tema, mi intensión es amarla, hacerla feliz pero se que para hacer eso necesito hacer los requisitos antes mencionados, y los estoy haciendo día a día para lograr lo propuestp por mi corazón. Se que le digo muchas veces que la AMO y es algo que es mentira y verdad a la vez, es decir; mentira porque aún no logro cumplir los requisitos al pie de la letra y verdad porque es lo que anhelo en el corazón (espero me entienda). Pero para mi aquella palabra agarra fuerza cuando la veo sonreir, cuando estoy con ud, cuando la tengo en mis brazos, cuando dialogamos, etc... ME MOTIVA A QUERER AMAR, AMAR DE VERDAD.

A lo que respondí:

-Entiendo cada fragmento escrito por Ud., no pasa nada, somos personas que aprendemos algo cada día, Ud aprende amar, amar hasta de quien le hace daño, amar a sus padres, sobre todo amar estar con Dios, mientras que yo sigo adquiriendo conocimientos, eso es enriquecer el alma no importa cuanto tarde, no importa si es hoy, mañana, pasado, lo importante esque lo haga así como dice en pocas palabras por su propio medio, que los requisitos de los 3 intente el 1 - 2 que con eso logrará el 3 sin Ud darse cuenta. No hay que disculpar; también se fallar, y más con el punto número 2 pero trato de seguir, hay cosas que Dios solo sabe, pero con el pasar del tiempo me conocerá por completo. Amar es un termino fuerte, la palabra más fuerte para una conexión tan única, Ud redacta y me reflejo porque esa era yo en un pasado, pero olvidarnos del pasado es aprender a vivir mejor, olvidar los malos ratos y abrazar los momentos

agradables, yo abrazo el recuerdo suyo que en el pasado nos conocimos y asesoró el presente que vela por nosotros bajo voluntad de Dios.

Él con entusiasmo respondió:

Gracias por entender amor, si trato de realizar todos aquellos requisitos pero ambos sabemos que es algo complejo pero no imposible, asi que eso tratare de hacer para estar bien con Dios, con mis padres y ud amor. Y si es verdad esa palabra es fuerte pero estoy dispuesyo a usarla con ud porque mas alla de ser una palabra fuerte es una palabra que expresa todo mi sentir hacia ud, y la dire cuando pueda amar de verdad... le pareceee Mientras usare el TE QUIERO

Y finalicé con unas breves líneas:

Mientras tantos ansío que me abrace con puros te quiero, hasta cuando sea el momento.

Y después de 7 años me dice TE AMO

Él aprendió amar en todos los sentidos, cumplió más que esos 3 requisitos, y él me enseño lo que él aprendió, le agradezco tanto, quisiera que él estuviera aquí para poderle decir qué no fue solamente hasta que la muerte los separé, porque aún sigo amándolo tanto.

2021

Me hubiera gustado terminar diciéndote que actualmente llevamos 4 años de casados, con 2 hermosas niñas, pero no a la edad de 27 años enviudé hace 1 mes atrás, mi esposo de 30 estamos falleció…

Mi esposo me regalo una Década de amor, sin mencionarte el año que nos separamos, falleció a causa de un letal VIRUS, que hoy en día la mayoría conocemos, si así es, el covid-19, quiero pensar que no fue el covid-19, él ya dejo una misión cumplida, en hacerme la persona que soy gracias a él, si pudiera retroceder el tiempo, iría al año del 2010, donde todo comenzó, y poderlo amar de lo que él me amo, después que nos casamos, fuimos de Luna de miel por medio año, viaje fuera de mi país, fuimos a Santorin, viaje a todos los lugares de allí, y con él fue una de las mejores vivencias de mi vida.

Regresamos de aquel lugar tan hermoso, en todo el regreso me sentía mal, pero no le dije nada a él, porque tenía las sospechas de que había quedado embarazada, tenía que soportar 27 horas con tal mal estado, pero fui valiente, porque quería darle un regalo que le agradaría bastante, pasaron esas tormentosas 27 horas, él a la mañana fue a su trabajo, igual tenía que ir al mío, llame a mi jefa y le dije que no me sentía bien que tal vez era el viaje, ella tan amable me dijo que me quedará 48 horas de reposo y le agradecí tanto, claro que no me quede en casa, de inmediato fui a un hospital, y así fue mis sospechas eran ciertas, llevaba 4 semanas y media en cinta, me dirigí a casa a preparar todo, no termine a tiempo y él ya había llegado, escondí todo de inmediato, y fingí estar dormida, por suerte él sabía cocinar y como todo caballero se hizo la merienda sin "despertarme", en todo el tiempo que estaba haciéndose de comer, me puse una vez más manos a la obra, tarde 45 minutos en terminar, cuando escuche que estaba lavando los trastes, decidí ir a saludarlo.

-Hola amor- me dijo

-Hola cariño, no te escuche llegar, ¿Por qué no me despertó para hacerle de comer? -le dije

-No mi reina, yo también puedo hacerme de comer, además has de ver trabajado duro hoy- me dijo con cara de cansancio

-No fui a trabajar me sentía algo mareada, un poco mal, capaz por el viaje, ya ve a descansar cariño yo seco los trastes y los pongo en la lacena-replique

-Gracias amada mía, iré a bañarme y me cuentas el estado de tu salud

-Ok cariño- le dije, tomando los trastes para secarlos y ubicarlos en su respectivo lugar

Él siempre hacia las cosas, sin que me lo pidiera, el mismo buscaba su ropa, pero yo me asegure de que la toalla se le quedará, para así darle la sorpresa, en una cajita había puesto la prueba de embarazo más el examen que lo confirmaba, y en el cuarto le adorne diciendo que iba a ser un excelente padre.

-Querida se me olvido la toalla, me la ¿podrías pasar?

-Claro Cariño, un segundo- y ahí le envolví la cajita

Creo que fue la primera vez que se cambió a una velocidad inmensa, con los ojos de color carmesí, y sus mejillas bailaban las lágrimas, empapado de emoción, me acorde él día de nuestra boda, el mismo entusiasmo traía encima.

Vio en la parte del cuarto que decía VAS A SER UN EXCELENTE PAPÁ. Me abrazo, me dijo que ahora su vida estaba totalmente feliz, lloro que aun así no lo quería creer.

A los 4 meses fuimos a los ultrasonidos, y vaya no era una sola semillita, eran dos, dos semillitas para llenar nuestras vidas, y él más entusiasmado por sus gemelas en camino.

De todo eso me alegro que haya podido conocer a sus gemelitas, ahora está en un lugar mejor, fue agradecerle a Marcela por habernos puesto en el mismo camino y a su hermano a decirle todas las cosas que logró, espero vaya a donde mi abuelo a decirle que estoy feliz porque ahora está junto al amor de mi vida. Ahora lucho por mis gemelas, por el gran regalo que me dejo Sebas.

Gracias por seguirme amando, TE AMO TANTO.

Hasta la eternidad mi AMOR CORRESPONDIDO…

-FIN-

Esta es la historia de Loreto Espinoza, que sigue amando tanto a su querido amor, espero hayas aprendido mucho de ella, hasta pronto mi querido Lector(a)…

¡NUNCA DEJES DE SOÑAR EN GRANDE!

CONTENIDO

Printed by Books on Demand GmbH, Norderstedt / Germany